JN411131

어느 봄날의 달콤함

서정문학대표시선 · 41

어느 봄날의 달콤함

초판 1쇄 인쇄일 | 2017년 11월 17일
초판 1쇄 발행일 | 2017년 11월 24일

저 자 | 최주식
펴 낸 이 | 차영미

편 집 | 디자인그룹 여우비
펴 낸 곳 | 도서출판 서정문학

주 소 | 서울시 강동구 성안로31다길 8(천호동), 101호
전 화 | 02-720-3266 FAX | 02-6442-7202
홈페이지 | http://cafe.daum.net/seojungmunhak.com
이 메 일 | sjmh11@hanmail.net
등 록 | 2008. 3. 10 제324-2014-000060호

ISBN 978-89-94807-61-4 03810
정가 10,000원

© 최주식, 2017

* 이 책의 판권은 지은이와 서정문학에 있습니다.
* 잘못된 책은 구입처에서 교환해 드립니다.

이 도서의 국립중앙도서관 출판예정도서목록(CIP)은 서지정보유통지원시스템 홈페이지(http://seoji.nl.go.kr)와 국가자료공동목록시스템(http://www.nl.go.kr/kolisnet)에서 이용하실 수 있습니다. (CIP제어번호 : CIP2017029518)

서정문학대표시선 · 41

최주식 시인의 사랑시 모음

어느 봄날의 달콤함

최주식 제2시집

| 시인의 말 |

좋은 시

언제부터인가
활짝 핀 계절의 아름다운 숨결이나
새벽 안개의 고요함보다
사람의 얼굴을 바라보면
시를 쓰고 싶었다

언제부터인가
주례를 서다 신랑 신부의 얼굴을 바라보면
늘 사랑하는 마음으로
시를 쓰고 싶었다

언제부터인가
무대 위에서 관객의 얼굴을 바라보면
너와 내가 하나가 될 수 있는
시를 쓰고 싶었다

또 언제부터인가
내가 친하게 지내는 우체부 아저씨나
우리 동네를 아름답게 가꾸는 환경미화원처럼
묵묵히 제 할 일을 다하는 사람의 얼굴을 바라보면
항상 존경하는 마음으로
시를 쓰고 싶었다

그랬다, 이 시대에
얼굴보다 더 좋은 시가 없다는 것을
미리 알고 있었던 사람들은
자신의 얼굴을 통해서
시 쓰는 방법을 알려주었다

그래서 결심했다
그 얼굴들 기억하며
삶의 영양제가 되는 좋은 시를
오래오래 쓰기로

-서문을 대신하여 최주식

차 례

2부
달콤한
생각

1부

나는 이렇게 시인이 되었습니다

선물

내가 아름다워요 하면
그대에게서 향기로운 꽃이 피어납니다
내가 사랑해요 하면
그대의 가슴은 따뜻해집니다
내가 고마워요 하면
그대의 얼굴은 미소로 밝아집니다
이런 기분 좋은 말
그대에게 선물로 드립니다

누구나 즐거워지는 멋져요
마음과 마음을 이어주는 공감해요
누구나 기쁨이 되는 감사해요
누구나 용서할 수 있는 미안해요
누구나 위로가 되는 힘 내세요
이런 배려의 말
그대에게 선물로 드립니다

화려한 미사여구가 아니어도
용기를 주는 긍정의 말
무거운 짐도 가볍게 느껴지는 칭찬의 말
보석보다 빛나는 사랑한다는 말
생명과도 같은 축복의 말
이런 황홀한 설레임의 말 하나도 빠짐없이
그대에게 선물로 드립니다

가슴에 꽃 한 송이 달고서

오늘 모임에서
가슴에 꽃 한 송이 달았다

가슴에 꽃을 다는 것은
꽃처럼 아름다운 모습으로 살겠다는
스스로의 약속이며
꽃의 미소로
꽃의 향기로
나를 사랑하고
이웃을 사랑하겠다는 결심이다

그래서 꽃을 다는 것은
기쁨이 아니라
영광이 아니라
정말 두려운 일이다

오늘, 가슴에 달린 예쁜 꽃이

깊고 따스한 사랑으로 살았느냐고
나에게 묻는다

지난 날 생각해 보면
수많은 꽃을 간직하고서도
감사한 마음으로 살지 못한 날이 많아
꽃을 바라보면
부끄럽고 미안하다

웃음꽃

웃음꽃만큼 예쁘고
향기로운 꽃은 없다

사람과 사람의 관계도
우리가 살아가는 이유도
웃음꽃을 피우는 일이다

기쁜 일이 있다고 해서
웃음꽃이 피는 것은 아니다
신나는 노래를 부른다고 해서
웃음꽃이 피는 것도 아니다

웃으며 살다보면
이 세상에서 가장 아름다운 꽃
웃음꽃이 피어난다

내가 본 것은

저 푸른 하늘을 보세요
따스한 햇살이
화 내는 것을 본 적이 있나요
본 것이 있다면
생명의 온기가 있는 사랑 뿐이지요

저 꽃밭을 보세요
활짝 핀 꽃들이
싸우는 것을 본 적이 있나요
본 것이 있다면
아름다운 사랑 뿐이지요

나팔꽃 연가

나는 당신에게
햇살이 되고 싶습니다
창가에서
당신의 하루를 여는
아침 햇살이 되고 싶습니다

나는 당신에게
바람이 되고 싶습니다
당신이 가는 곳이라면
당신이 부르는 노래로
가만히 다가서는
바람이 되고 싶습니다

서운한 마음

사랑하는 사람에게
서운한 마음이 생기거든
고요한 눈길로 꽃을 보라

때로는 향기롭고 아름다운 꽃들도
서로 어긋나 꽃향기를 토해낸다

그래도 정답은 사랑이다

멀리서 보이는 것보다
가까이서 보면
내가 알던 좋은 것도
실망스러울 때가 있다

오랫 동안 서로 돕게 만들어
진실로 믿었던 것도
마지막 순간에 미워질 때가 있다

그래도 사랑을 놓지 않으리라
사랑하지 않고 산다는 건
너무 서럽고 슬픈 일이니까

모두 다 사랑하면

가까이 있는 사람을 사랑하면
행복이 되고

멀리 있는 사람을 사랑하면
그리움이 되지요

가까이 있는 사람이나
멀리 있는 사람을
모두 다 사랑하면
시인이 되지요

나는 이렇게 시인이 되었습니다

길을 가다
비탈진 언덕 메마른 땅에서 핀
반가운 얼굴의 들꽃을 바라보면
너무 기뻐서
친구 신청을 하였습니다

길을 가다
바람 부는 들판에서 손짓하는
수줍은 표정의 들꽃을 만나면
너무 좋아서
사랑 고백을 하였습니다

이 쪽 저 쪽을 가르는 번잡한 세상에서
나의 분노와 하소연을 들어줄 것 같은
들꽃을 친구로 받아들이고

하늘과 양심 앞에 부끄럽지 않는

들꽃을 사랑 하다보니
나는 이렇게 시인이 되었습니다

첫사랑

1,
어느 날 무지개처럼 다가와
눈부시고 달콤하게 머물다
미처 말문 트기도 전에 스러진
사랑의 편린

오랜 세월 지나도
가슴 한 켠 빠져 나가지 못해
펼치면 날 새도록
새록새록 되새겨지는
영혼을 흔드는 애틋한 그리움

2,
첫사랑은
가지가 크고
잎이 무성해도
꽃은 피지 않는다네

어느 날
문득
그리움으로만 피어난다네

땅심은 그 누구도 당해 낼 수 없다

언제 어디서나
흙 냄새 가득한 들판에 서면
마음은 편안해지고
반기는 사람 없어도
그곳은 고향이 된다

들판은 삶의 터전
큰 힘을 지닌 백 사람이 있다해도
삽 한 자루 들고
땅을 가꾸는
농부 한 사람을 당해 낼 수 없다

들판은 농부의 마음
누구나 농부가 될 수 없다
바람이 되었다가
들꽃이 되었다가
비바람 치는 들판에서

엉엉 울어보고
밤을 세워 본 사람만이
농부가 될 수 있다

들판은 진실
제 아무리 권력이나 명예가 많다해도
생명을 잉태하는 땅의 온기는
그 누구도 당해 낼 수 없다

이 세상에 뿌리 내려야 할
그 어떤 이념이나 정의도
땅심을 먹은 들판의 혜택을 받아야
하늘에서도 받아들인다

호박꽃 사랑

꽃을 심는다
꽃의 향기로 밥을 먹고
꽃의 마음으로 사람을 만나고
꽃의 아픔으로 몸살을 앓고 싶어
꽃을 심는다

꽃을 생각지 않고는 하루를 넘길 수 없어
공사판 자갈더미에 핀 노란꽃을 바라본다
사람들은 저것도 꽃이냐고 말하지만
꽃은 사람을 탓하지 않는다

활짝 열린 꽃봉오리 속으로
나비가 찾아오고
꿀벌이 날아든
꽃을 들여다보면
빙그레 웃는 그 모습은 무엇보다 정답고
미운데 하나 없다

고백하건대 나는 안다
가문 좋고 뒷배경 좋아
겉모습 화려한 장미꽃 같은 사람보다
한 여름 뙤약볕 아래서 내면을 가꾸는
호박꽃 같은 사람이
멋진 사랑을 할 수 있다는 것을

립서비스

내가 말했다
상대를 배려하는 당신 멋져요
활짝 웃는 당신 모습 아름다워요
당신은 대답했다
지금 립서비스 하는 거죠

내가 말했다
무슨 일이든 당신 솜씨가 최고예요
꽃보다 당신이 더 사랑스러워요
당신은 대답했다
지금 립서비스 하는 거죠

내가 칭찬할 때마다
당신은 스쳐 지나가는 입에 발린 말이라
가볍게 여기지만
듣기 좋은 덕담 한 마디가 삶에 활력을 주고
사람과 사람의 관계를 부드럽게 하기에

달콤한 립서비스
당신께 드립니다

사랑이란 그런 거야

창밖을 봐

마음이 저절로 밝아지는
꽃이 피고 있어

사랑이란 그런 거야
넌 그런 사람일 거야

어느 날의 일기

이 밤이 깊어지면
열심히 살아온 삶의 이야기로
하룻밤을 엮어내렵니다
꽃이 피고
별이 뜨는
망설임 없이 달려온 길
나는 내 인생을 믿습니다

이 밤이 깊어지면
내 이름을 써놓고
생긋 웃어보렵니다
이 작은 존재
어디에서 와
여기에 머물고 있는지 알 수 없지만
나는 내 인생을 사랑합니다

나를 이해하고 싶을 때

나를 이해하고 싶을 때는
카페에서 커피를 마셔요
오늘이 그런 날인가 봐요
햇살 드는 창가에 앉아
달콤하고 부드러운 카페라떼를 시켰어요
내 마음인 양 감사하게도
하트가 떠있네요

모처럼 나를 끌어안고
평소보다 많은 감성을 채웠어요
오랜 시간 내 안에 숨어서
나와 멀어진
나라는 모습을 보았어요

집 한 채

그대도 가고
나도 가는 인생길

때로는 잠시 쉬었다 가는
이 넓은 인생길에서
그대의 가슴처럼 살기 편안한
땅은 없다

사랑하며
등 붙이고 살
집 한 채
그대의 가슴에 짓는다

어느 봄날의 달콤함

꽃 피는 황홀한 날 그대를 불러
시와 음악이 흐르는
근사한 카페에 마주앉고 싶다
먼저 온 나는 창가에서
환한 봄날의 서정을 바라보며
그대를 기다릴 것이다

얼마쯤 지나면 드르르 문이 열리고
밝고 화사한 차림의 그대는
나를 발견하고는 언제나 그랬듯이
고운 눈길을 보내겠지

맞은편에 다소곳이 앉은 그대가
잘 지냈느냐 물으면
나는 고개 끄덕여 답례를 보내고
이런저런 이야기 나누다 보면
저절로 미소가 쏟아져 소복이 쌓일 것이다

이윽고, 찻잔이 비면
짧은 시간을 탓하며 일어나
다정히 팔짱 끼고 꽃길을 걷다
아름답게 물든 저녁 노을 뭉게뭉게 번지면
이 세상에서 가장 소중한 그대의 식탁에서
사랑이 가득 담긴 저녁상을 대하겠지

이런 달콤함
춘삼월 봄바람을 감당 못하고 툭 터진다

성공한 사람

우리는 성공한 사람
푸른 하늘을 바라보며
함께 웃을 수 있으니
성공한 사람

성공이 별것인가
이야기 나눌 이웃이 있고
친구가 있으면
성공한 사람이지

성공이 뭐 대단한 것인가
내 이름을 가졌으니
성공한 사람이고
오늘 하루
희망을 포기하지 않았으니
성공한 사람이지

너와 나의 가슴에 따뜻한 사랑이 있으니
우리는 성공한 사람이지

소중한 나

오늘
꽃이 피고
새가 노래하는 것은
내가 있기 때문이지요

때로는 슬픈 일도 내가 있어
가장 기쁜 일이 되고
어두운 순간도 내가 있어
가장 빛나기도 하지요

명예나 재물이 없다고 해서
내가 별로인 것은 아니지요
내가 있어
세상은 따뜻하고
그래서 나는 소중하지요

2부
달콤한
생각

이팝나무 쌀밥나무

밥상에 고봉으로 담긴 이밥처럼
바라만 봐도 느낄 수 있어요
당신이 침묵해도 사랑은
마음에 담겨 있다는 것을 느낄 수 있어요

말하지 않아도 알 수 있어요
당신 얼굴에 하얗게 핀 웃음꽃은
풍년이라는 것을 알 수 있어요

귀를 가까이 대봐요
사랑해요 속삭여 줄께요

그리운 외할머니

별이 반짝여요
당신은 밤 하늘에 빛나는
별이 되었나요
당신의 아름다운 눈이
반짝이는 것 같아요

당신도 나를 바라보고 계시나요
당신도 나를 사랑하고 계시나요

당신을 사랑해서 기뻐요
당신을 사랑해서 행복해요
이 밤 영원히 잊지 않을께요

첫눈

당신께 바친
첫 고백처럼
곱게 쌓여
그리움으로 머물러다오

당신과 보낸
순백의 시간처럼
살며시 다가와
사랑이 되어다오

봄날의 카페

개나리꽃이 피었다
목련꽃이 피었다
내 입가에 헤이즐럿 커피 향기가 피었다

그대와 마주 앉은
내 가슴에 사랑꽃이 활짝 피었다

벗님들께

벗님이 그립습니다
꽃이 아름다운 날은
꽃이 아름다운 만큼 그립고
구름이 낀 날은
햇님같은 벗님을 볼 수 없어 그립습니다

비가 내리는 날은
커피를 함께 마시고 싶어
벗님이 그립고
눈이 오는 날은 추억이 생각나
벗님이 그립습니다

벗님과 함께한 여행은
기쁨이어서 그립고
벗님과 함께 마신 커피는
향기로워서 그립습니다

보고 싶다고
꿈속까지 찾아가도
즐거운 표정으로 따라나서는 벗님
함께한 사랑이 소중해서
함께 쌓은 추억이 좋아서
밤마다 벗님을 찾아갑니다

연시戀詩

어느 날 그대가
내 품에 안겨
사랑을 묻는다면
달콤한 키스보다
꽃밭을 가꾸듯 쓴
나의 시를 읽어주고 싶다

이 세상 그 어떤 것보다 소중한
시만큼 사랑한다고

봄을 맞이하며

차가운 바람이 물러가고
강물이 풀리나 했더니
어느새 예쁜 꽃이 피었어요

사람과 사람이 서로 손 잡고 걸어가면
꽃길 아름다운 봄이겠지요
사람과 사람이 서로 사랑한다면
햇살 부드러운 봄이겠지요

봄이 만들어 내는
모든 것은 사랑이지요
봄이 오는 길목마다
새로운 생명이 기지개를 켜고
나는 아름다운 생각
좋은 결심만 가져요

달콤한 생각

오늘 밤
잠든 그대 마음에
몰래 들어가
눈물이 있다면
웃음으로 바꾸어 놓고
살며시 빠져 나오는
큰일 하나 저지르고 싶다

오늘 밤
잠든 그대 마음에
몰래 들어가
외로움이 있다면
사랑을 머리맡에 놓아두고
살며시 빠져 나오는
좋은 일 하나 하고 싶다

나를 응원하는 말

안녕
내가 나에게 인사를 합니다

난 할 수 있어
내가 나에게 힘을 실어줍니다

난 최고야
내가 나를 칭찬합니다

오늘도 수고했어
내가 나를 위로합니다

난 내가 좋아
내가 나를 사랑합니다

내가 나를 응원하는 몇 마디 말로도
나는 행복해집니다

누군가 나를 부르면

친구에게 전화가 왔다
오랫만에 보고 싶은
얼굴이나 보자고 한다
나는 망설임 없이 달려갔다

나는 누군가 부르면
기꺼이 반가운 마음으로 간다
함께 밥을 먹고 차를 마시자는 연락이나
술잔 부딪치며
사는 이야기 나누자는 전화가
멀지 않는 날에 오지 않을 수도 있기 때문이다

눈 내리는 날이나 꽃 활짝 핀 날
때로는 한해를 보내면서
나를 부르는 사람이 없다고 상상하면
나를 기억해 주는 사람이 없다고 생각하면
정말 두렵기만 하다

누군가 나를 부른다는 것은
아직도 내가 쓸모있는 사람이라는 것
누군가 나를 찾는다는 것은
아직도 내가 필요한 사람이라는 것
나는 누군가 부르면
즐거운 마음으로 달려간다

혈압

시인이 되고 싶다
눈물과 땀과 고뇌로 쓴 나의 시가
이웃들에게 아름다운 사랑이 되는
가슴 따뜻한 시인이 되고 싶다

출판사에서 원고료 먼저 들고 와
영혼의 숨결이 느껴지는 나의 글을 청탁하고
신문이나 텔레비전에 얼굴이 나오는
유명한 글쟁이가 되고 싶다

독자들 줄줄 따르면 사인해 주고
카메라 앞에서 손 흔들며 미소 지어주는
노벨문학상의 주인공이 되고 싶다

하늘의 별을 따는 일 만큼이나 어렵기 때문일까
누구나 한번쯤 가져볼 꿈이지만
이런 생각하면 혈압오른다

나의 사랑

나에겐 달콤한
사랑이 있어요
그 사랑 간직하다가
누가 필요로 하면
언제든지 나누어 주지요

나에겐 보물같은
시가 있어요
그 시를 간직하다가
누가 필요로 하면
아낌없이 내어주지요

진정한 사랑

사랑은 어둠 속에서
더욱 빛나고

사랑은 낮은 곳에서
더욱 강하다

진정한 사랑은
보이지 않는 것이 아니라
우리 삶 곳곳에 있다

긍정적인 마음

내 생각과 달라도
그려려니 하고
고개 끄덕여 주는
꽃을 보면
착한 사람이 된 것 같고

섭섭하다 싶어도
창문을 닫지 않고
밤새도록 웃어주는
별을 보면
좋은 사람이 된 것 같다

이런 생각만으로도
나는 즐겁다

웃기는 사람

웃기는 사람이 되고 싶다
웃을 일 없는 사람을 웃기는
웃기는 사람이 되고 싶다

재미있는 사람이 되고 싶다
재미있는 일 없는 사람을 재미있게 하는
재미있는 사람이 되고 싶다

남을 웃게 만들고
남의 말에 잘 웃어
세상을 따뜻하게 하는
웃기는 사람이 되고 싶다

감사한 마음

햇살이 있어 감사
꽃이 피어 감사
비가 와서 감사

내가 있어 감사
이웃이 있어 감사

돌아보면 감사 할 일
너무 많아
감사
감사
감사

꽃길

꽃길을 걷다가
끊임없이 일어나는 잡된 생각으로
푸념을 하면
꽃은 한순간이라도
고운 마음을 가지라 합니다

꽃은 나에게
고운 마음에는 꽃이 핀다 합니다
고운 마음에는 무지개가 뜬다 합니다
고운 마음을 가진 사람 앞에서는
시간도 멈추었다 간다 합니다

나는 사랑을 외치며
꽃길을 걸었습니다

사람의 생애

길을 가다보면
미처 짐작하지 못한 가파른 능선에
꽃이 활짝 피어 있다

길을 가다보면
미처 짐작하지 못한 고갯마루에
경치 좋은 곳이 있다

길을 가다보면
미처 짐작하지 못한 돌밭에
쉬어 갈 부드러운 자리가 있다

나는 길을 가면서
천근의 무게로 확신했다
이 세상은 어느 곳이나 아름답고 따뜻해서
아름답고 따뜻하게 살아야 한다는 것을

젊은 날의 추억

나팔바지 입고
한껏 폼을 잡던 시절
이마 아래까지 흘러내린 머리카락도
제 멋이었는데
이제는 야속하게 자꾸 줄어들어
이마까지 허전하니
거울도 보기 두렵네

장발 단속에 걸려 가발을 쓴듯한
귀밑 머리카락 잘려가는 것도 낭만이었는데
그 머리카락 애지중지 가꾸려해도 살아나지 않아
참, 그 때가 좋았는데

그래, 지금도 좋다
바닥에 눕지 않고
매사를 계산하지 않고
받아들이며 살아 갈테니까

옷

이 옷은 예뻐서 좋고
저 옷은 따뜻해서 좋아

하지만 이 세상에서
가장 좋은 옷은
당신의 사랑이야

벼랑에 바위 틈에 핀 꽃

벌 나비도 간담 서늘한 벼랑 바위 틈에
뿌리 내려
잎 돋고 꽃 피운
생명의 극치

외로움도
그리움도
비바람도
마다치 않고
척박 할수록 더 강인한
삶의 형이상학

봄꽃

햇살을 입에 문 꽃이
보란듯이 앞마당 가득 피었어요
나비와 벌을 춤추게 하는 꽃이
물 푸른 언덕에 피었어요

예쁜 꽃이
나를 위해 피는 줄 알았더니
그대를 위해서 피었대요
그래도 밉지 않아요

그대를 사랑하니까요
그대를 사랑하니까요

3부
사랑을
헤아리다

어떤 힘

꽃을 볼 때마다
꽃나무를 심어
함께 할
꽃그늘을 만들고 싶다

음악 소리를 들을 때마다
작사 작곡을 하여
즐겁게 노래를
부르고 싶다

내가 피운 꽃이 향기로 스며들 수 있다면
내가 부른 노래가 기쁨이 될 수 있다면
나의 힘을 쏟아붓고 싶다

입에 달고 다녀야 할 말

사랑한다는 말
부모님께 하면 효도가 되고

사랑한다는 말
가족에게 하면 행복이 되고

사랑한다는 말
연인에게 하면 기쁨이 되고

사랑한다는 말
친구에게 하면 우정이 되고

사랑한다는 말
이웃에게 하면 감사가 되고

사랑한다는 말
입에 달고 다녀야겠네

오늘 하루

저녁에는 별을 바라보며
별의 노래가 담긴
값진 시 한 편 지었다

아침에는 햇님과 눈길을 주고 받으며
내가 당신이고 당신이 나라는
다른 날보다 후회하지 않을 사랑 인사를 나누었다

점심 식탁에는 시골 풍경이 담긴 고추와 깻잎
그리고 어린 시절 어머니표 숭늉이 나왔다

오늘 내가 가질 수 있는
이 기쁨이여
이 행복이여

된장찌개

만지면 손 델 듯
한 숟가락 뜨면 혀 델 듯
보글보글 끓어 입맛 돋구는
구수하고 시원한
삶의 향내

여럿이 빙 둘러 앉아
함께 먹으면
내 몫도 따로 없고
네 몫도 구분 없는
보약 같은 국물

몸 고되게 부리고 나서
한 뚝배기 비우면
마음까지 따뜻해지는
된장찌개

아차산에 뜬 달

고요히 어둠 타고
빙그레 오신 님

눈빛으로 껴안아
미소로 말 건네는 님

가슴에 품은 그리움 같이
먼 길 가는 님

고향 친구같이
보고 또 봐도 질리지 않는 님

가을비 단상

비가 내리는 날
붉게 익은 감나무 아래 길을 걸어가면
계절의 낭만 보다는
떨어지는 홍시가 착한 것들의 설움 같아
내리는 빗방울이 따뜻한 것들의 눈물 같아
내 마음에도 비가 내립니다

비가 내리는 날
꽃이 져버린 쓸쓸한 공원을 걸어가다
떠나가는 가을을 바라보면
영원히 머무를 것 같은
내 존재가
환영幻影 같아
내 마음에도 비가 내립니다

청계천을 달리는 아이들

귀여운 아이들아
너희들은 희망의 꽃봉오리
푸른 물길을 힘차게 달려라
길게 뻗은 풀숲따라 술래잡기를 해라
버들다리 아래에서 물장구를 치거라
흐르는 물처럼 낮은 곳을 살피는 사람이 되거라
노랫소리 떠들썩한 너희들이 있어
꽃 피고 햇살 눈부시구나

착한 아이들아
미래는 너희들의 것
징검다리 건너 신나게 뛰어 놀아라
옥잠화와 갈대와 버드나무와 돌단풍과
마주 앉아 꿈을 키워라
버들치와 피라미와 청둥오리와 다정한 친구가 되거라
모든 생명 있는 것을 사랑하거라
웃음소리 가득한 너희들이 있어
맑은 물 도도히 흐르는구나

가장 예쁜 집

화려하게 치장한 가구와 소품
우아한 디자인의 실내 장식은
집안을 예쁘게 꾸며 주지만
집을 가장 예쁘게 꾸며 주는 것은
가족의 웃는 얼굴이지

정원사는 마당의 꽃과 나무에
나비가 날아들도록
아름답게 가꾸어 주지만
집을 가장 아름답게 만들어 주는 것은
가족의 따뜻한 사랑이지

아침 해

오늘도 두꺼운 어둠을 깨뜨렸네요
환한 저 얼굴
누가 산 위에 올려 놓았을까요
참 밝고 눈부시네요
꽃도 나무도 기뻐하겠지요

따뜻한 저 얼굴
누가 하늘에 올려 놓았을까요
두둥실 미소짓네요
동네 까치와 참새도 노래하겠지요

잠꾸러기 얼굴에도 둥근 해가 떠
기지개 펴고 일어나겠지요
사람들은 찬란한 햇살을 받으며
활짝 어깨 펴고 하루를 열겠지요

들꽃의 손에 손을 내밀며

부지런도 하지
예쁘기도 하지
바람 휘돌아가는 산등성이
바위 아래 앙증스럽게 핀 꽃

내가 너를 바라보면 빙그레 웃고
네가 나를 바라보면 빙그레 웃고

내가 네 손 잡아주니 아름답구나
네가 내 손 잡아주니 사랑스럽구나

나는 너의 사랑
너는 나의 사랑

이렇게 살고 싶다

비어 있는 마음에 사랑을 채우고 싶다
가득 채워 넘치는 사랑은
매일 매일 나눠줘도 아깝지 않고
아무리 많이 가져도 욕심이 아니니까

여백의 마음에 사랑을 채우고 싶다
목숨을 다해 채운 사랑은
따뜻한 봄날 어둠을 뚫고 나와
노란 민들레 같은 꽃을 피울테니까

나 원 참

장미꽃 흐드러지게 핀 날
복잡한 지하철 안에서
서로 어깨가 부딪쳤다

나는 미안하다며 고개를 숙이고
그 사람은 기분 나쁘다며
먹구름 같은 소나기를
한바탕 쏟아붓는다

작은 미소 한 송이 일지라도
꽃을 피운다는 건
자신을 스스로 녹여 낼
겹겹의 사랑이 쌓이고 쌓여야 하나보다

살기 좋은 우리 동네

엄동설한 이겨낸
우리 동네 골목마다
개나리 진달래는 피지 않고
함박 웃음꽃이 피었네

파릇파릇 생명이 약동하는
우리 동네 집집마다
라일락과 벗꽃은 피지 않고
행복꽃이 피었네

우리가 태어나고 자란
우리 동네 정든 얼굴마다
사시사철 흔들리지 않을
사랑꽃이 피었네

사랑을 헤아리다

들판의 꽃은 사랑으로 피었다 지고
겨울 나무는 사랑으로 봄을 기다린다
물은 사랑을 위해 낮은 곳으로 흘러가고
사람은 사랑을 위해 인생을 건다

나는 사랑이 있어 절망에서도 절망하지 않으며
나는 사랑이 있어 미움을 받고도 미워하지 않는다
나를 아프게 하는 상처도 사랑이 있어 견딜 수 있고
나의 인생도 사랑이 있어 행복하다

나는 이 세상 무엇보다
하늘과 땅으로부터 받은 사랑을 거스를 수 없어
하루에도 몇번씩 사랑을 헤아려 본다

희망 사항

나에겐 희망이 있다
꿈속 풍경처럼 신비롭고 아련한 것은 아니지만
희망은 대부분 희망 사항이 되고 만다
그래도 멈추지 않고 만들어 간다

꽃이 떨어진다고
바람이 분다고
희망이 없다면
잠을 잔들 무슨 의미가 있고
삶은 얼마나 쓸쓸할 것인가

희망도 없으면서
가슴 가득히 시를 지어
시집을 낸들
무슨 가치가 있는가

희망도 없으면서

나를 돕고 응원할
사랑 노래를 부른다는 것은
얼마나 한심한 일인가

솔직히 고백하면
희망은 이루지 못하더라도
버릴 것은 하나도 없어
쉴 새 없이 만들며 산다
희망을 가진 사람은 멋진 사람이니까

봄에는 꽃향기가 따라온다

봄에는 어디를 가도 꽃이 따라온다
커피를 마셔도 꽃향기가 나고
시를 읽어도 꽃은 피어 있다
자리를 펴고 누우면
창밖에 꽃은 기다렸다는 듯 들어와
내곁에 눕는다

여기저기 핀 밝고 아름다운 모습
지금이 절정인데
놓치고 나면 서운할 것 같아서
오늘 내일 지나면
내년에야 다시 보겠다 싶어서
꽃과 눈을 맞춘다

꽃을 보다가
언덕에서 나비와 함께
창가에서 햇살과 함께

꽃이 되고 싶어
주렁주렁 휘늘어진
꽃옆에 오래오래 앉아있었다

하지만 부끄럽게도
꽃의 마음이나 얼굴 중에서
어느 것 하나 비슷하게라도 닮지 못했다

그래도 하루 종일
꽃을 달고 살아서 그런지
내 몸에서 꽃향기가 났다

술을 위한 변명

하늘은 맑아
술 마시기 좋은 날
마음이 통하는 사람을 만나면
삼겹살에 소주로 풍류를 즐기고
오래된 친구를 만나면
파전에 막걸리로 우정을 나누는
건배를 하세

꽃은 피어
술 마시기 좋은 날
반가운 이웃 사람을 만나면
정이 넘치는 생맥주로
인생에 취하고
멋진 당신, 아름다운 당신을 만난
오늘처럼 좋은 날엔
소주도 마시고
맥주도 마시고

막걸리까지 마시면서
우리의 사랑과 행복을 위하여
건배 건배를 하세

산에 가는 이유

나는 숲속 오솔길에서
그늘을 만들어 준 나무와 노래 불러 준 꾀꼬리에게
감사하다는 인사를 못했다

나는 오랜 기다림 끝에
깊은 골짜기 벌레 먹은 가지에 핀
애틋한 산목련에게 마음을 빼앗기고서도
사랑한다는 고백도 못했다

나는 바삐 돌아가는 인생의 순환길에서
초목의 향기와 아름다운 풍경을 만났지만
고맙다는 인사를 소홀히 했다

내 발길에 밟혀 쓰러진 풀꽃이나
나로 인해 서운한 이웃의 마음을 헤아리지 못해
미안하다는 인사를 잊은 때도 있었다
내일 다시 산에 가면
미처 나누지 못한 인사까지 꼭 해야겠다

비밀

쉿
이건 비밀인데
사실은 네가
제일 예쁘고 좋아
난 너를 사랑해

쉿
이건 비밀인데
사실은 내가
제일 예쁘고 좋아
난 나를 사랑해

자식 낳고 사는 재미

텔레비젼 앞에 누워
이리저리 채널 돌려대는 내게
알토란 같은 자식들이
흰 머리카락 있어 나이 들어보인다며
검정 염색을 하여주네

생일 날에는
나이 수 만큼 촛불 꽂아
축하 노래 부르며
선물까지 주니
이보다 더 큰 잔치가 어디 있으며
이보다 더 큰 사랑이 어디 있는가

이래서 자식 낳고 사는구나
이게 사람 사는 재미구나
곱게 자란 자식들 껴안아 보면서
어느 좋은 날

속 꽉 찬 짝에게 보내는 일
무사히 마치고 싶네

4부

깔딱고개를 넘으며

무지개

누가 손짓했기에
물빛 하늘 춤추며 날아왔을까?
방긋 미소 지으며
나비처럼 다가온 너

누가 눈짓했기에
일곱 빛깔 설레임으로 다가왔을까?
살갑게 속삭이다
사랑이 되는 너

누가 불렀기에
그리움으로 들어왔을까?
하고 싶은 말 모여
시가 되는 너

이야기가 있는 사랑

많은 사람 중에서
함께 마음을 기댈 수 있는 사람에게는
시간이 아깝지 않아요
소중한 시간을 내줘도
아깝지 않다면 사랑하는 사람이지요

나는 나의 마음이 닿아 이루어진
그런 사랑이 좋아요
나의 이야기가 담겨 있어
나를 느낄 수 있으니까요

배봉산*의 봄

가만히 창 너머 바라보니
고요한 속삭임으로 열리는
화사한 봄입니다

가지를 뚫고 나오는 숨결과
땅에서 수런대는 새순들은
부드러운 바람에도 흔들리고
작은 소리에도 놀랍니다

낯선 나무들과 풀꽃들과 새들과
같은 산에서
같은 공기 마시며
그렇게 한 몸으로 살다보니
은근 슬쩍
정이 들어버렸습니다

---

* 배봉산 : 동대문구에 있는 산

저것들도
나처럼 정이 든걸까
햇살 가득 물고서
방긋 손짓합니다

예쁜 사람

나는 이제 안다
예쁜 사람의 비밀을

얼굴이 예뻐서 예쁜 게 아니라
마음이 예뻐서 보는 것 마다
예쁘게 볼 줄 아는 사람이라는 것을

나는 이제 안다
아름다운 사람의 비밀을

외모가 곱상해서 아름다운 게 아니라
마음이 아름다워서 보는 것 마다
아름답게 볼 줄 아는 사람이라는 것을

꽃님이

바람이 스쳐 지날 때도
창가에 앉아 커피를 마실 때도
언제나 곁에 있습니다

가장 빛나는 모습으로
손닿지 않는 그 자리에 있습니다

생생한 언약으로
켜켜이 쌓인 그리움으로
보이지 않는 그 자리에 있습니다

그 사랑 품고 있으니
영원히 나와 함께입니다

동해 바다

설렘의 빛깔로
나를 유혹하는
가도 가도 또 가고 싶은
그대에게
여행을 떠나고 싶다

가장 먼저 태양이 떠오르고
가장 늦게 달빛이 내려앉은
그대의 가슴에서
늘 그리던 풍경 다 둘러보고
새벽별 질 때까지 눌러 앉아
이야기도 나누고 싶다

서둘러 가는 길
쉽지 않겠지만
그대에게
여행을 떠나고 싶다

기도

절에 갔더니
부처님께서 항상 기도하라
감사하는 마음을 가지라
사랑을 베풀라 하십니다

교회에 갔더니
하나님께서 항상 기도하라
감사하는 마음을 가지라
사랑을 베풀라 하십니다

부처님도 하나님도 똑같이
내 손을 잡으며
기도와 감사와 사랑으로 살아가라 하십니다

아직도 청춘

푸른 하늘 저 멀리
자꾸만 눈에 밟히는
별처럼 아름다운 나의 사랑
구름에 떠밀려 어디쯤 가고 있을까

문득 돌아보면
기억은 물결을 일으키고
자욱한 안개는 나를 덮고 있어도
다시 불러보는 아득한
나의 청춘

하늘을 우러러 한 점 부끄럼이 없기를
잎새에 이는 바람에도 괴로워했다는
윤동주의 시를 읽으면
그때처럼 까닭모를 눈물이 나오고
이상의 날개를 읽으면
그때처럼 푸른 하늘을 훨훨 날아가고 싶다

모든 것이 변하고 잊혀져
온기가 식더라도
수줍은 감성과 언어로
꽃잎을 붙이고
예쁜 단풍잎 편지를 쓰던
그때가 그리워
자꾸만 뒤돌아보는
나의 청춘

관계가 좋으면 다 좋다

나에겐 좋은 관계나
그 반대의 관계도 있지만
오늘의 나를 있게 하고
내일의 나를 만들 관계를 헤아리면
수백명은 되겠지요

살아가는 동안
서로의 관계를 흔드는
상처 속으로 빠져들지 않으면
관계가 좋아
잘 살고 있는 거고
나무 한 그루, 꽃 한 송이와도
웃음을 주고받는 관계라면
역시 잘 살고 있다는 증거지요

지나고 보니
모든 관계가 나쁜 것만은 아니었지요

신기하게도 관계가 많을 때
몸에서 풀꽃 향기가 나고
맑은 눈빛을 가졌지요
살아가는 동안
사람과 사람의 관계가 좋아지도록
머리가 아닌 따뜻한 가슴 속의 관계로
모든 이들과 친하게 지내고 싶어요

관계가 좋으면 다 좋으니까요

고장난 하루

정동진을 향해 달리던 버스가 고장 나
고속도로에 멈춰섰다
운전기사도, 출동한 고속도로 순찰대원도
함께 마음이 고장 나 짜증스러워 한다
근처 졸음쉼터에서 대체버스를 기다리는 사람들도
고장난 시간에서 빠져 나가지 못하고
몸을 비틀어 댄다
날씨마저도 고장났는지
갑자기 바람이 불고
구름이 잔뜩 끼여 있다

몇 시간 늦게 도착한 정동진 앞바다도
덩달아 고장이 났는지
세찬 파도가 백사장까지 밀려온다
사람들은 고장난 뱃속을 채우려고
공원에 쪼그리고 앉아 밥을 먹고
고장난 마음을 달래려고

술을 마시고 노래까지 부른다
국도변 휴게소 화장실도 고장 나
악취가 사방에 진동한다

서울 가는 고속도로도 고장이 났는지
차들이 가다 서다를 반복한다
이제는 내 허리까지 고장이 나
자리가 불편하다

그러고보니 오늘 하루가
모두 고장이다

나는 사랑을 사랑한다

나는 사랑을 한다
지나버린 젊은 날을 사랑하고
꽃을 사랑하고
아침에 마시는 밀크커피를 사랑하고
조용필의 창밖의 여자를 사랑하고
모든 것 다 사랑하리라 생각하면
이 세상 모든 사랑이 나를 향해 있는 것 같아
온몸이 달아오른다

하지만 사랑을 입에 달고 살면서도
사랑하는 일은 쉽지 않다
잠시라도 한눈을 팔면
허공속으로 사라져 버리지만 사랑을 한다

멋진 사람을 만났다고 해서
별이 떴다고 해서
꽃이 아름답다고 해서

사랑이 찾아오는 것은 아니지만
내가 마음 먹은 사랑 중에서
단 하나만 이루어도
얼마나 큰 행복인가

나는 사랑을 한다
사랑한 만큼 낮아져야 하고
사랑한 만큼 버려야 하는 사랑을 한다

꽃신을 신고서

꽃신을 신고
야 야 야
내 나이가 어때서
사랑하기 딱 좋은 나인데 노래 부르며
사뿐사뿐 나들이 가면
꽃의 마음
꽃의 얼굴이 되어
누구를 만나도 금세 친해지고
기분은 좋아진다

꽃신을 신고 가면
내가 향기 많은 꽃인 줄 알고
벌 나비도 팔랑팔랑 날갯짓을 하며 날아들고
발걸음마다 꽃망울 터트린다

꽃신은 땅을 따뜻하게 어루만져주어
아스팔트 길을 밟아도 꽃이 피고

구덩이에 빠져도 새싹이 돋아
어느 곳이나 꽃길을 만들어 낸다
꽃신 신고 길을 가니
온통 사랑 가득한 꽃길이다

깔딱고개를 넘으며

나는 알고 있다
삶은 간단치 않아
마지막 한 고비에서 두려움이 밀려오고
마지막 한 고비에서 위기의 순간이 닥쳐온다는 것을

나는 알고 있다
바위가 흔들리지 않는 것은
자신을 믿기 때문이며
사람이 자신을 믿지 못할 때
두려움이 생기고
작은 바람에도 흔들린다는 것을

오늘도 곁에서 나를 지키는
나를 믿으며
가본 적 없는 깔딱고개를 넘는다

생일

오늘 밝히는 촛불처럼
제 나이에 맞는 삶을 만들어 가는
따뜻한 사람이 되고 싶다

오늘 밝히는 촛불처럼
눈을 감고도 사랑을 아는
아름다운 사람이 되고 싶다

달동네 해동네

무표정한 아파트가 나열된 오르막길
황금빛 노을을 밀고 지날 때면
그 길을 넘지 못한 채 가슴이 아프다
눈 감으면 깔깔대던 웃음 대신
날아갈 것 같은 차들의 경적소리와 텅 빈 마음 뿐
이제는 손 잡고 걷던 이웃들도
팔짱 끼고 걷던 연인들도 존재하지 않는다

모양새 번듯하니
여기가 그런 곳이었나 모르는 이 많지만
만나면 반갑고 보면 정든 얼굴들이
밝고 따뜻한 날을 꿈꾸며
몸 바치던 삶과 애환의 자리였다

비좁은 길이 평평하게 넓어지고
네모난 판박이 아파트가 들어 차
달동네가 해동네 됐다 좋아하지만

꽃 핀 그 목련과 그 벚꽃과
그 살구나무 흔적조차 없어
사람 사는 말문 닫아버린 땅에
바람만이 날갯짓을 한다

막걸리 심부름

면 소재지 양조장에서
막 빚어낸 쌀뜨물 같은 막걸리를
노란 주전자에 가득 담아
잡초 무성한 고갯길 돌아서던
막걸리 심부름

한 여름 땡볕에
목젖 모질게도 타올라
외딴 느티나무 그늘 아래에서 한 모금
꽃잎 떠가는 개울가에서
물을 채운 뒤 휘휘 저으며
한 모금 마시던
막걸리 심부름

오늘
고층 빌딩 뒷골목 포장마차에서
막걸리 한 사발 들이키니

불현듯 그 시절이
그리움으로 다가오네

남산 한옥 마을의 봄

남산 한옥 마을에 바깥바람 쐬러 가
꽃물 흐르는 청류정 근처에서
정담 나누는 내 또래의 사람과
동심을 일깨우는 꼬마둥이를 대하니
덥석 손 잡고 싶은 유년 시절의 이웃을 만난 듯하고

내가 좋아하는 된장이나
싱건지가 들어 있을 것 같은 장독대와
오래된 풍속風俗 앞에 서니
그리운 고향에 와 있는 듯
수 천 수 만의 풍경이 펼쳐지고
반가운 얼굴이 아른거린다

남산 한옥 마을에 나들이 갔다가
여기저기 서정 가득한 풍경을 바라보니
문득 나를 따뜻하게 감싸주던
생명같은 고향의 봄을 만난 듯

바람처럼 지나간 추억 위로
진달래와 목련과 생강나무꽃이 피고
가지마다 파릇파릇 새싹이 돋아난다

라일락꽃

그 어떤 고운 마음을 가졌길래
그 어떤 간절한 소원이 있길래
지는 아픔에서도 향기를 주는 가요

그 어떤 착한 마음을 가졌길래
그 어떤 사랑이 있길래
바람에 흔들릴수록 더 많이 웃고 계신가요

호박꽃도 꽃이냐

좋아하는 꽃이 뭐예요?

민들레
수선화
제비꽃
양귀비꽃

천만의 말씀
우리 몸에
피가 되고
살이 되는 꽃

호박꽃

가장 좋은 말

나는 한 편의 시가 나올 것 같은 말
기도, 네잎클로버, 웃는 얼굴, 애인, 촛불이
좋다

나는 삼삼한 그리움으로 다가오는 말
가을 언덕, 여행, 무지개, 첫눈, 편지가
좋다

나는 시골 풍경과 낭만이 있는 말
과수원, 보름달, 별, 원두막, 오솔길이
좋다

나는 수많은 말 중에서 사랑이
가장 좋다

산다는 것은 사랑을 쌓고 가꾸는 일
재물이 넉넉해도 사랑이 없으면 가난하고

명예나 지위가 높아도 사랑이 없으면
가슴은 텅 비어 있다
나는 수많은 말 중에서 사랑이
가장 좋다

평설

사랑과 생명의 찬가

김우종(前 한국문학평론가협회장)

최주식 시인이 펼쳐 나가는 서정적 언어의 향연은 누구에게나 매우 친근하게 다가온다. 사랑의 언어이고 기다림의 언어이기 때문이다.

최주식 시인은 자연주의자다. 생명을 창조하는 자연의 찬미자이며 자연에서 생명의 열매를 가꾸는 농부를 찬미한다.

최주식 시인은 오늘의 한국인 다수가 길을 잃고 있다고 판단한다. 가난했더라도 따뜻한 인간적 정서를 나누던 시대의 가치를 강조한다는 의미에서 문명 비판론자다.

최주식은 언어의 마술을 믿는 시인이다. 그런 의미에서 진정한 언어 예술의 기적을 삶의 현장에서 직접적으로 전하는 음유시인이다.

1. 미래지향적 기다림의 의미

기다림은 간절한 미래지향적 소망의 표현이다.

우리는 누구나 기다리며 산다. 내일을 기다리고 내년을 기다리고 더 먼 훗날을 기다린다.

이런 기다림은 현재보다 더 나은 세상을 향한 미래지향적 행위이기 때문에 현재에 대한 부정적 가치관이 배경에 깔려 있다.

현재에 대한 부정적 가치관은 사회적 역사적 현실 속의 탐욕적 냉혹한 지배자들에게는 불평분자로 낙인되기 쉬운 사람들이다. 그리고 인간을 창조한 조물주의 입장에서도 환영받지 못할 존재들이다. 신은 완벽하며 실수가 없다고 말하니까

그러나 미래지향적 기다림이 없는 삶은 그저 아무 의미도 없이 강물에 흘러가는 작은 조각배일 뿐이며 바위에 부딪히고 폭포 속에 휘말리다가 물고

기 밥이나 될 뿐이다. 인간은 기다림을 통해서 진화하고 발전해 나가며 더 아름다운 세상과 만나게 된다.

문학이 담아나가는 사상과 감정은 두 가지의 주제를 지닌다. 하나는 과거와 현재까지 '있었던 사실' 그리고 다른 하나는 앞으로 있어야 할 사실이다.

이미 '있었던 사실' 또는 '있는 사실'에 대한 표현은 이를 통해서 미래에 있어야 할 긍정적 사실의 기다림의 기점이 된다.

최주식 시인의 문학은 지금 있는 사실에 대한 겸허한 긍정적 수용이 두드러진다.

그런데 긍정적 낙관적 주제가 충만함에도 불구하고 그의 문학은 있는 사실에 대한 것보다 있어야 할 사실에 대한 간절한 기다림이며 이를 위해 공감을 호소하는 의미가 강하다.

저 푸른 하늘을 보세요
따스한 햇살이
화내는 것을 본 적이 있나요
본 것이 있다면

생명의 온기가 있는 사랑 뿐이지요

–「내가 본 것은」 일부

여기서 작자의 말을 줄이면 '하늘은 사랑이다'가 된다. 그런데 하늘빛은 기상 변화에 따라 다르고 시간에 따라 다르다. 낮은 밝지만, 밤하늘은 칠흑처럼 캄캄한 밤도 많다.

全져재 녀러신고요
어긔야 즌대ᄅᆞᆯ 드대용세라
어긔야 어강됴리
어느이다 노코시라

–「정읍사」

둥근 달이 높이 떠도 이렇게 강도들이 전주 시자에 다녀 오는 남편의 귀가길을 노리고 있을지도 모를 무서운 밤도 있다.

윤동주가 언덕 위에서 사랑하는 모든 이들에게 마지막 작별을 고하며 바라보던 '별 헤는 밤' 도 있다. 그렇지만 최주식 시인은 보통 사람들이 그림 시간에 칠하는 하늘이 거의 모두 푸른색이듯이 밝은 대낮의 맑고 푸른 하늘을 그리고 있다. 물론 최주식 시인이 푸른 하늘 밖에는 모르는 사람이 아니다. 그런데도 그는 어디서나 푸른 하늘을 말하고 이를 찬양하는 시인이다.

그렇다면 그가 보는 하늘은 기상 캐스터들이 전하는 과학적 시각의 영상이 아니라 그가 원하기에 선택하고 있는 하늘이다. 그리고 그가 푸른 하늘과 따스한 햇살을 선택한다는 것은 그의 인생관이며 세계관이다. 인생을 그렇게 긍정적 시각으로만 바라보게 되기를 간절히 소망하며 기다리고 있는 것이다.

이것은 60년 초부터 필자를 비롯한 소장파 평론가들이 전개되어온 한국의 사회참여 문학운동과 인생관이나 세계관이 본질적으로 일치한다.

당대의 사회참여 문학운동은 부정적인 현실에 대한 고발성이 매우 강하다는 점에서 외형적으로는 푸른 하늘 밝은 햇살만을 보여주는 최주식 시인의 서정적 시세계와는 반대편에 있는 듯한 착각을 일으킨다. 3.15 부정 선거로 세상은 온통 먹구름의 하늘이요 고교생 김주열이 최루탄에 머리를 맞고 쓰러지고 시위 학생들은 북한 공작원들의 지시와

조종을 받는 빨갱이들로 조작되었다. 이때부터 우리 문학은 현실 참여적 사명감에 눈뜨기 시작했다.

이런 현실을 말하는 문학은 푸른 하늘의 따스한 햇살을 가리키며 사랑을 말하는 문학과는 반대인 듯이 보이지만 사실은 그렇지 않았다. 그것은 최주식 시인이 호소하는 푸른 하늘 따뜻한 햇살에 대한 기다림의 문학이었다.

현실 비판적인 문인들 특히 카프파들이 1931년과 1934년 2차에 걸쳐서 일제히 체포되던 30년대 암흑기 때부터 푸른 하늘 따스한 햇살만을 그려 나가려던 순수문학은 이런 현실에 눈을 감는 문학이었다. 그래야만 살아남을 수 있는 불행한 시대였다 하더라도 그것은 결과적으로 현실 기만이었다. 일제의 국민 총동원령에 따르며 윤동주가 「서시」에서 말하던 '모든 죽어가는 것' 을 외면하고 현실 비판적인 문학을 부정하고 침략전쟁을 찬미하던 이것만이 예술이라고 주장하던 순수문학은 현실을 기만하고 있었다. 그리고 60년대 초 순수참여 논쟁 때 순수문학파의 이형기 시인은 자기가 좋아하는 도스토예프스키의 문학도 불쏘시개감 밖에 안된다고 문학의 긍정적 기능을 부정했다. 그러므로

동정호洞庭湖에 배를 띄우고 물속에 비친 달을 건지다가 익사했다는 이태백의 문학이라야 순수하다고 말하는 순수문학은 푸른 하늘의 따스한 햇살을 말하는 최주식 시인의 문학과 비슷한 외형을 지니고 있으면서도 내용은 정반대다.

최주식 시인의 긍정적 미래지향적 기다림의 문학은 본질적으로는 긍정적 세계를 기다리는 60년대 이후 지금까지 널리 확산되어 온 사회참여문학과 동일한 인생관, 사회관, 세계관에 맞닿아 있다.

'저 꽃밭을 보세요

활짝 핀 꽃들이

싸우는 것을 본 적이 있나요' (「내가 본 것은」에서)도 동일한 발상이다. 시든 꽃도 있고 꽃이 보이지 않는 무화과나무도 있는데 꼭 활짝 핀 꽃 보라는 것은 긍정적 시각으로 사물을 보라는 것이다.

가까이 있는 사람을 사랑하면
행복이 되고

멀리 있는 사람을 사랑하면
그리움이 되지요

가까이 있는 사람이나

멀리 있는 사람이나

모두 다 사랑하면

시인이 되지요

–「모두 다 사랑하면」 전문

이것도 긍정적 미래지향적 가치관의 표현이다. 증오와 불신과 대립의 삭막한 부정적 현실이 지금 주어진 상황이라 해도 이를 부정하고 사랑을 선택해서 행복을 얻으라는 호소이며 이에 공감하고 따르는 사람은 시인이라는 뜻이다.

2. 언어의 마술

여기서 말하는 최주식 시인은 미사여구로 현실을 덧칠하고 기만하는 재주꾼을 말하는 것이 아니라 긍정적 시각으로 현실을 바꿔나가는 사람을 말한다.

「선물」도 같은 주제를 다른 소재를 통해서 더욱

강한 호소력을 전달하는 작품이다.

내가 아름다워요 하면
그대에게서 향기로운 꽃이 피어납니다
내가 사랑해요 하면
그대의 가슴은 따뜻해집니다
내가 고마워요 하면
그대의 얼굴은 미소로 밝아집니다
이런 기분 좋은 말
그대에게 선물로 드립니다.

여기서 작자는 언어의 탁월한 마술적 기능을 전하고 있다. 일상적 언어와 달리 작자의 시에서 그가 전하는 언어 세계에서는 '아름답다' 가 '향기로운 꽃' 이 되고 '사랑해요' 가 '따뜻한 가슴' 이 되고 '고마워요' 가 '밝은 미소' 가 된다.

이것은 마술일 수밖에 없다. 그리고 작자는 실제 생활에서 이런 시적 언어예술의 기적을 실천하며 확인한다.

최주식 시인은 만나는 사람에게 마다 이런 마술적 언어의 선물을 전한다. 문우들과 만남의 장소에

서만이 아니라 최주식 시인은 아마 죽음의 암울한 그림자가 덮치는 자리에서도 사랑해요, 고마워요 하며 웃음을 전하고 절망하는 사람들의 얼굴에서도 웃음이 피어나는 것을 보게 될 것이다. 이를 낭송 형태로 전할 때만이 아니라 일상적 대화로도 어디서나 전하기 때문에 그는 음유시인이며 이를 전하는 순례자다.

3. 자연주의와 문명비판

최주식 시인은 자연주의자다. 이효석이 자연 그대로 주어진 삶을 찬미하며 남녀의 사랑과 성관계마저 적나라하게 나귀들의 그것과 병치竝置시켜 나간 「메밀꽃 필 무렵」이나 낙엽이 타는 냄새에 도취한 「낙엽을 태우면서」에서 볼 수 있듯이 그는 자연을 사랑하는 자연주의자다. 그리고 이런 사랑은 자연이 우리에게 주는 생명의 힘에 대한 겸허하고 엄숙한 외경畏敬사상이다.

언제 어디서나

흙 냄새 가득한 들판에 서면
마음은 편안해지고
반기는 사람 없어도
그곳은 고향이 된다.
(중략)
들판은 진실
제 아무리 권력이나 명예가 많다 해도
생명을 잉태하는 땅의 온기는
그 누구도 당해낼 수 없다.

–「땅심은 그 누구도 당해 낼 수 없다」 일부

작자는 이렇게 자연을 생명을 잉태하고 전하는 외경의 대상으로 찬미하고 특히 거기서 밭을 갈고 생명의 열매를 가꾸는 농부들을 찬미한다.

이런 자연에 대한 외경 사상은 날이 갈수록 각박해지고 있는 도시 문명에 대한 비판이다. 이것을 앞에서 이효석의 자연주의와 간단히 비교해 봤지만, 근대적 도시 문명이 발달하지 못했던 30년대와 달리 4차 산업으로 인간소외의 위기가 바로 눈앞으로 다가오고 있는 한국사회, 특히 이념의 갈등과 함께 명예나 돈이 인간성을 극단적으로 파탄시

켜 나가는 오늘의 우리 사회에서 최주식 시인이 찬미하는 자연은 과거의 그것과는 많이 다르다. 그만큼 절실한 호소력을 지니고 있다.

가슴에 꽃을 다는 것은
꽃처럼 아름다운 모습으로 살겠다는
스스로의 약속이며
꽃의 미소로
꽃의 향기로
나를 사랑하고
이웃을 사랑하겠다는 결심이다.

–「가슴에 꽃 한 송이 달고서」 일부

꽃은 자연의 아름다움을 말하고 생명의 탄생을 말하며 자연의 찬란한 가치를 나타내는 이미지다. 이런 꽃을 작자는 미소와 향기와 사랑으로 해석하고 있다. 작자가 말하는 자연 회귀적인 정서는 우리가 지금 잃어가고 있는 이런 소중한 가치의 회복을 말하는 것이며 그 실천적 의지를 분명히 밝히고 있는 것이다. 이같은 의미에서도 이런 자연의 찬미는 길을 잃고 있는 현대문명에 대한 비판이며 확실

한 방향 제시의 의지를 나타내고 있는 셈이다.

4. 해동네가 잃은 것

비좁은 길이 평평하게 넓어지고
네모난 판박이 아파트가 들어 차
달동네가 해동네 됐다 좋아하지만
꽃 핀 그 목련과 그 벚꽃과
그 살구나무 흔적조차 없어
사람 사는 말문 닫아버린 땅에
바람만이 날갯짓을 한다

－「달동네 해동네」 일부

최주식 시인이 여기서 말하는 것은 편리한 삶을 얻는 대신 인간적 정서를 상실한 한국인들의 아파트 문화다. 달동네는 이 나라의 가난의 상징이다.

달동네는 조세희의 소설 「난장이가 쏘아 올린 작은 공」에서부터 우리 사회의 빈부 격차 속에서 나타나기 시작한 심각한 사회문제를 고발하는 소재가 되어 있다. 오늘의 성남시는 군사정권이 그 갈은 가난의 전시물을 멀리 도시 외곽으로 내다 버린 후 탈바꿈한 도시지만 참으로 심각한 문제들을 낳았다. 윤흥길의 「아홉 켤레의 구두로 남은 사내」도 도시 내부의 달동네에서 그보다 더 열악한 달동네를 형성했던 성남 사람들의 이야기다.

그런데 최주식 시인의 「달동네 해동네」는 빈부 격차에 의한 그 같은 사회문제보다는 인간적 정서를 상실해가는 문명 비판이 주제로 되어 있다. 비록 가난했더라도 서로 정이 오고 가던 달동네와 달리 새로 개발된 해동네는 모두가 남남으로 벽을 쌓고 살아간다. 작자는 이를 '말문 닫아버린 땅에/ 바람만이 날갯짓을 한다' 고 말하고 있다. 모든 것이 너무 불편했더라도 달동네는 인간적 정서가 교류되며 사랑이 오고가던 땅이었다면 그것을 길도 넓고 자동차가 씽씽 달리는 편리함만으로 바꿀 수 있겠느냐는 의문을 슬며시 던지고 있는 것이 이 작품이다.

이런 작품과 아울러 자연을 사랑하고 대지의 위대함 앞에서 겸허하게 찬사를 보내고 사랑의 언어로 긍정적인 미래상을 실천해 나가려는 최주식 시인의 문학세계는 오늘의 한국사회가 맹목적으로

지향해 가고 있는 잘못된 자본주의 문명사회에 대한 심각한 비판이며 도전이다.

그의 문학은 고답적인 메타포의 레토릭을 남발하지 않고 비교적 평이하고 친근한 문체로 다수 대중에게 쉽게 접근할 수 있는 형태다. 이런 점에서 일반적 현대시와는 경향을 달리하고 있지만, 문학이 자기 혼자만의 독백이 아닌 이상 이 같은 친근한 접근성은 한국시단에서 최주식 시인만이 간직한 소중한 가치라고 말할 수 있다.